M'hamed Jamili

Kreative EFL-Lehrer und akademische Leistungen der Schüler

M'hamed Jamili

Kreative EFL-Lehrer und akademische Leistungen der Schüler

Eine Fallstudie über EFL-Lehrer an marokkanischen Gymnasien

ScienciaScripts

Imprint

Cover image: www.ingimage.com

This book is a translation from the original published under ISBN 978-3-330-32643-9.

Publisher:
Sciencia Scripts
is a trademark of
Dodo Books Indian Ocean Ltd. and OmniScriptum S.R.L publishing group

120 High Road, East Finchley, London, N2 9ED, United Kingdom
Str. Armeneasca 28/1, office 1, Chisinau MD-2012, Republic of Moldova, Europe
Printed at: see last page
ISBN: 978-620-7-39370-1

Inhaltsübersicht

Abstrakt

Die vorliegende Untersuchung versucht zu zeigen, wie sich die Kreativität, die Methoden, Techniken und Aktivitäten, die EFL-Lehrer an Gymnasien einsetzen, positiv auf die Leistungen ihrer Schüler auswirken können. Die Haupthypothese, die der vorliegenden Studie zugrunde liegt, besagt, dass EFL-Lehrer, mit besonderem Augenmerk auf EFL-Lehrer, die an marokkanischen Gymnasien unterrichten, einen positiven Einfluss auf die Leistungen ihrer Schüler haben können, wenn sie Unterrichtsmethoden, -techniken und -aktivitäten anwenden, die das Lernen ihrer Schüler sinnvoll und angenehm gestalten und somit deren Lernergebnisse verbessern. In dieser Studie wird ein gemischter Methodenansatz verwendet, bei dem die Beobachtung des Unterrichts und der Fragebogen als Hauptinstrumente zur Datenerhebung eingesetzt werden. Die Stichprobe besteht aus sechs Gymnasiallehrern für Englisch als Fremdsprache und 233 Gymnasiasten relativ gleichen Alters und Bildungsniveaus. Die Daten werden im Hinblick auf die im Kapitel über die Methodik gestellten Forschungsfragen analysiert. So soll die Analyse aufzeigen, inwieweit kreative EFL-Lehrer die Leistungen der Schüler beeinflussen können und welche gemeinsamen Unterrichtsmethoden, Techniken und Aktivitäten den Lehrern helfen, in ihren Klassenräumen effektiver und kreativer zu sein.

Schlüsselwörter: EFL-Lehrer, Kreativität, Leistungen der Schüler, Methoden, Aktivitäten, Techniken.

Danksagung

Für meinen verstorbenen Vater (Gott segne seine Seele)

Einführung

Die Vorstellung davon, was eine gute EFL-Lehrkraft ausmacht, scheint sehr komplex zu sein. Sind gute Lehrer diejenigen, die gut qualifiziert sind, die englische Sprache gut beherrschen und ihren Schülern das Wissen und die Fähigkeiten vermitteln können, die sie in ihrer akademischen und/oder beruflichen Ausbildung erworben und aufgebaut haben? Oder sind es diejenigen, die sich engagieren, die ihre Schülerinnen und Schüler begeistern und motivieren können und die sich dafür einsetzen, dass ihre Lernenden erfolgreich sind? sind in jedem Englischunterricht gefragt? Oder sind sie eine Kombination aus all diesen Eigenschaften und mehr?

Aber wie steht es mit der Kreativität im Unterricht? Ist Kreativität nicht eine wichtige Eigenschaft eines guten Lehrers? Um diese Frage zu beantworten, muss man verstehen, was es bedeutet, ein kreativer Lehrer zu sein. Ein kreativer Lehrer ist einfach derjenige, der in der Lage ist, Ideen aus allen möglichen verfügbaren Quellen zu sammeln und phantasievolle Ansätze zu verwenden. Aber wofür? Und worin besteht der Unterschied zwischen einem guten und einem kreativen Lehrer? Die vorliegende Untersuchung soll versuchen, diese Fragen zu beantworten. Der Hauptgrund für die Durchführung dieses Forschungsprojekts besteht jedoch darin, herauszufinden, wie der Mangel an Kreativität im Unterricht von EFL-Lehrern an marokkanischen Gymnasien bzw. ihr niedriges Kreativitätsniveau die Lernergebnisse der Schüler beeinträchtigt.

Daher soll in der vorliegenden Studie untersucht werden, wie sich kreative EFL-

Lehrer auf die Leistungen ihrer Schüler auswirken. Mit dem Schwerpunkt auf kreativem Unterricht versucht die Studie zu zeigen, inwieweit kreative Lehrkräfte die Lernergebnisse ihrer Schüler beeinflussen können, und die von kreativen EFL-Lehrkräften in marokkanischen Gymnasien am häufigsten verwendeten Unterrichtsmethoden, Techniken und Aktivitäten zu ermitteln.

In diesem Zusammenhang basiert die Studie auf der Annahme, dass die Kreativität der Lehrkräfte und die von kreativen EFL-Lehrkräften eingesetzten Unterrichtsmethoden, -techniken und -aktivitäten die Lernergebnisse der Schüler in marokkanischen Gymnasien verbessern.

In diesem Papier sollen daher die folgenden Forschungsfragen aufgeworfen, untersucht und beantwortet werden:

- Beeinflussen kreative EFL-Lehrer die Leistungen ihrer Schüler in marokkanischen Gymnasien?
- Welche Techniken, Methoden, Aktivitäten und Strategien werden von kreativen EFL-Lehrern in marokkanischen Gymnasien eingesetzt?

Die vorliegende Studie besteht aus drei Hauptkapiteln. Das erste Kapitel, das theoretisch ausgerichtet ist, befasst sich mit der Einordnung der Studie in den theoretischen Kontext. Daher werden die Schlüsselbegriffe dieser Untersuchung, nämlich "Kreativität" und "kreative Lehrer", die für das behandelte Thema von entscheidender Bedeutung sind, eingehend erläutert. In diesem Kapitel werden auch die Unterrichtsmethoden und Arten von Aktivitäten erörtert, die von EFL-Lehrern

5

kreativ eingesetzt werden können. Im zweiten Kapitel wird die Methodik der Studie skizziert, indem die Forschungsfragen, die Forschungshypothese, der Forschungsansatz, die Datenerhebungs- und -analyseverfahren, die Grundgesamtheit sowie die wichtigsten Forschungsvariablen umrissen werden. Das dritte Kapitel der Studie befasst sich mit der Analyse der gesammelten Daten. In diesem Zusammenhang werden die durch Unterrichtsbeobachtung, Notenberichte der Schüler sowie die Fragebögen gesammelten Daten analysiert, um Antworten auf die in dieser Studie gestellten Fragen zu finden. So wird in diesem Kapitel versucht festzustellen, ob kreative EFL-Lehrer die Lernergebnisse ihrer Schüler verbessern können, und die von kreativen EFL-Lehrern in marokkanischen Gymnasien häufig verwendeten Lehrmethoden, Techniken und Aktivitäten zu ermitteln,

KAPITEL 1

Überprüfung der Literatur

■ Einleitung

Dieses Kapitel liefert den theoretischen Rahmen für dieses Forschungsprojekt. Sein Hauptziel ist es, die Schlüsselvariablen dieser Forschung zu identifizieren, nämlich "Kreativität" und "kreative Lehrer", die für das Verständnis des behandelten Themas entscheidend sind. In diesem Zusammenhang beginnt das Kapitel mit einem Versuch, Kreativität im Sinne vieler Autoren zu definieren. Danach werden die wichtigsten Merkmale und Qualitäten kreativer Lehrkräfte erörtert, gefolgt von einigen effizienten Methoden und Aktivitäten, die von kreativen EFL-Lehrern eingesetzt werden.

A. Was ist Kreativität?

Die meisten Menschen denken bei dem Wort Kreativität an Sänger, Maler, Designer oder ganz allgemein an Menschen, die von Natur aus begabt sind oder das Potenzial haben, interessante Dinge zu erfinden, die noch nie zuvor gemacht wurden. Kreativität ist zweifelsohne in vielen Bereichen des menschlichen Lebens zu finden. Sie ist ein Prozess, bei dem Verbindungen hergestellt werden, und manchmal geht es dabei um Produktivität, darum, aus diesen Verbindungen etwas Neues zu schaffen (Gardner, 1993). Kreativität kann jedoch auf vielen verschiedenen Ebenen definiert werden: kognitiv, intellektuell und spirituell. Eine gängige Definition von Kreativität

7

aus dem Webster Dictionary besagt, dass "Kreativität durch die Fähigkeit oder Macht gekennzeichnet ist, etwas Neues zu schaffen, ins Leben zu rufen, mit einer neuen Form auszustatten, mit gründlichem Einfallsreichtum zu produzieren, etwas Neues herzustellen oder ins Leben zu rufen". Nach Sternberg & Lubart ist Kreativität im Allgemeinen die Fähigkeit, eine Arbeit zu produzieren, die sowohl neu als auch angemessen ist (Sternberg & Lubart, 1999). Im Englischunterricht beispielsweise wird Kreativität gemeinhin als die Eigenschaft und/oder Fähigkeit einer Person betrachtet, sich durch den Einsatz von Vorstellungskraft und übergeordneten Denkfähigkeiten etwas wirklich Neues und Originelles einfallen zu lassen. Sie ist eine wichtige Fähigkeit und/oder Eigenschaft unter allen pädagogischen Fähigkeiten und Fertigkeiten, die jeder Lehrer benötigt, um die häufigen Probleme zu lösen, mit denen er im Klassenzimmer konfrontiert wird, und zwar nicht nur durch den Einsatz von Vorstellungskraft und Denkvermögen höherer Ordnung, sondern auch durch Weiterdenken, um neue Ideen aus verschiedenen Quellen und mit Hilfe neuer und unterschiedlicher Strategien zu entwickeln - es ist ein Denken über den Tellerrand hinaus.

"Beim Schaffen oder beim kreativen Lösen von Problemen drehen wir uns oft in endlosen Kreisen, um auf eine Idee zu stoßen. Manchmal liegt die Antwort oder Lösung direkt vor unseren Augen, aber wir können sie nicht sehen. Um die Lösung zu finden, das fehlende Teil zu finden, das Problem zu lösen, müssen wir einfach etwas Vertrautes auf eine neue und andere Weise betrachten" (Wilson, L., 2014)

8

B. Kreative EFL-Lehrer:

In den letzten Jahrzehnten wurde viel über Kreativität im Allgemeinen und kreative EFL-Lehrer im Besonderen geforscht. Der Lehrer als zentraler Bestandteil des Klassenzimmers sollte ein tiefes Verständnis für seine eigene Kreativität haben. Darüber hinaus sollte er/sie mit einigen phantasievollen Ansätzen und einem Repertoire an effektiven und ansprechenden Aktivitäten ausgestattet sein, die natürlich idealerweise den Vorlieben, Bedürfnissen und Lernstilen der Schüler entsprechen. Kreative Lehrkräfte sind diejenigen, die in ihrem Unterricht eine eklektische Auswahl an Lehrmethoden, Techniken, Aktivitäten und Strategien anwenden. Das heißt, sie wählen die Methoden und Verfahren nicht willkürlich aus, sondern in Abhängigkeit von den Interessen, Bedürfnissen und Lernstilen ihrer Schüler.

Es ist unbestreitbar, dass die Kreativität des Lehrers von größter Bedeutung ist, um die Schüler zu autonomen und unabhängigen Lernenden zu machen und ihre Fähigkeit zu verbessern, etwas Neues und Originelles zu schaffen oder zu erfinden. Die Schüler brauchen einen kreativen Lehrer, der ihnen das Lernen erleichtert, es interessanter und angenehmer macht und sie motiviert, selbst zu lernen und Probleme zu lösen. Für einen effektiveren Unterricht kann eine Lehrkraft jedoch (wenn nicht kreativ) innovativ in dem Sinne sein, dass sie neue Dinge im Klassenzimmer einführt. Die allgemeine Frage, die man sich hier stellen könnte, lautet: Was ist der Unterschied zwischen Kreativität und Innovation? Kreativität ist, wie bereits erwähnt, die Fähigkeit, etwas zu schaffen, das sowohl neu als auch angemessen ist (Sternberg & Lubart, 1999). Im Gegensatz

9

dazu bedeutet Innovation die Nutzung oder Umsetzung neuer Ideen zum eigenen

Vorteil. Im Unterricht zum Beispiel, um den es in dieser Untersuchung hauptsächlich

geht, kann der Lehrer neue Hilfsmittel wie technologische Hilfsmittel (IKT) in den

Klassenraum integrieren, um sowohl den Lern- als auch den Lehrprozess zu

erleichtern.

C. Qualitäten kreativer EFL-Lehrer:

Kreativität hängt von der Fähigkeit ab, Situationen zu analysieren und zu

bewerten und neue Wege zu finden, auf sie zu reagieren. Dies wiederum hängt von

einer Reihe verschiedener Fähigkeiten und Denkebenen ab (J.C. Richard.2013.5).

Kreative Lehrkräfte verfügen über viele persönliche und pädagogische Qualitäten und

Qualifikationen, die sie in ihren Klassen zu etwas Besonderem machen. Zweifellos

erinnern wir uns alle an die Lehrerinnen und Lehrer, die unsere Fantasie angeregt

haben, die uns mit ihrem individuellen und besonderen Unterrichtsstil inspiriert haben,

die effektiv und klug mit jeder Unterrichtssituation umgehen konnten und die

eklektische Methoden und eine Vielzahl von ansprechenden und effektiven Aktivitäten

im Unterricht mit einzelnen Lernenden mit unterschiedlichen Bedürfnissen, Interessen

und Lernstilen eingesetzt haben. Laut J.C. Richard in seiner Untersuchung "Creativity

in Language

Teaching" gibt es acht Hauptaspekte, die einige der Qualitäten kreativer Lehrer

kennzeichnen:

- Kreative Lehrer sind sachkundig.

- Kreative Lehrer sind selbstbewusst.
- Kreative Lehrkräfte engagieren sich dafür, dass ihre Schüler Fortschritte machen und erfolgreich sind.
- Kreative Lehrkräfte sind mit einer Vielzahl von Unterrichtsstrategien und -techniken vertraut.
- Kreative Lehrkräfte streben einen lernerzentrierten Unterricht an.
- Kreative Lehrer sind   reflektierend.
- Kreative Lehrer sind   risikofreudig.
- Kreative Lehrer sind   Nonkonformisten.

D. Die von kreativen Lehrern angewandten Lehrmethoden und -konzepte:

Kreative Lehrkräfte verwenden eine Vielzahl von Lehrmethoden und ein breites Spektrum an Ressourcen und Aktivitäten, die den Interessen, Bedürfnissen und Lernstilen ihrer Schüler besser entsprechen. "Typischerweise sind kreative Lehrkräfte nicht an eine bestimmte Methode gebunden, sondern verfolgen häufig einen Ansatz, der als Eklektizismus bezeichnet wird. Mit anderen Worten, sie wählen Methoden und Verfahren nicht willkürlich aus, sondern entsprechend den Bedürfnissen ihrer Klasse" (J.C Richard.2013.11). Kreative Lehrkräfte entscheiden als effektive Lehrkräfte je nach den Zielen der Unterrichtsstunde und den Lernenden in der Klasse, welche Methodik, welchen Ansatz oder welche Aktivitäten sie anwenden. Nach Rivers (1981.54) ermöglicht der eklektische Ansatz den Sprachlehrern, die besten Techniken aller bekannten Sprachlehrmethoden in ihre Unterrichtsverfahren zu integrieren und sie für den Zweck einzusetzen, für den sie am besten geeignet sind. Zur

Veranschaulichung: Lehrer, die Schüler mit unterschiedlichen Bedürfnissen und Lernstilen haben, können nicht nur eine einzige Methode anwenden, um effektiver zu unterrichten; sie verwenden eine Vielzahl von Lehrmethoden, d. h. sie setzen alles aus den verschiedenen Ressourcen ein, was für alle einzelnen Schüler als nützlich und effizient angesehen wird. Zum Beispiel kann der Lehrer in einer Unterrichtsstunde entspannende Musik einsetzen, um die Schüler dazu zu bringen, sich voll und ganz auf eine bestimmte Aktivität einzulassen (Suggestopädie); die Anwendung von Total Physical Response, um die Schüler dazu zu bringen, Vokabeln zu lernen, indem sie etwas tun; die Verwendung von Übungen als effektive Technik, um die Schüler dazu zu bringen, die Zielsprache kommunikativ zu üben, usw. All dies sind nur einige der Techniken und Grundsätze der verschiedenen Lehrmethoden. Ein kreativer Lehrer ist jemand, der sie effizient und vielseitig einsetzen kann, je nach Unterrichtszielen, Bedürfnissen, Vorlieben und Lernstilen der Schüler, unter Berücksichtigung des Kontexts und der Verfügbarkeit bzw. Nichtverfügbarkeit von Lehrmaterialien und Hilfsmitteln.

E. Aktivitäten von kreativen Lehrern

Kreativer Unterricht bedeutet, dass Aktivitäten und Materialien auf ihr Potenzial und ihre Wirksamkeit zur Unterstützung des kreativen Unterrichts geprüft werden. In einer umfangreichen Untersuchung wurde jedoch eine Reihe von Dimensionen kreativer Aktivitäten ermittelt. Es wird gesagt, dass sie offene Problemlösungen beinhalten, die an die Fähigkeiten der Schüler angepasst sind und unter Einschränkungen durchgeführt werden (Burton, 2010 & Lubart, 1994). Domyei (2001) nannte zehn Merkmale, die als produktive Sprachlernaktivitäten gelten:

- **Herausforderung:** Aktivitäten, bei denen die Lernenden Probleme lösen, etwas entdecken, Hindernisse überwinden und Informationen finden.

- **Interessante Inhalte:** Themen, die die Schülerinnen und Schüler bereits interessant finden und über die sie auch außerhalb des Unterrichts lesen möchten, wie z. B. Geschichten über Sport und Unterhaltung auf YouTube und im Internet.

- **Das persönliche Element:** Aktivitäten, die eine Verbindung zum Leben und den Anliegen der Lernenden herstellen.

- **Das Element der Neuartigkeit:** Aspekte einer Aktivität, die neu und anders oder völlig unerwartet sind, machen die Schüler neugierig.

- **Das intrigante Element:** Aktivitäten, die sich mit mehrdeutigen, problematischen, paradoxen, kontroversen, widersprüchlichen oder inkongruenten Materialien befassen und die Neugierde wecken.

- **Individuelle Auswahl:** Aktivitäten, bei denen die SchülerInnen eine persönliche Wahl haben. Zum Beispiel können sie ihre eigenen Themen für einen Aufsatz oder ihre eigenen Gruppenthemen und Gruppenmitglieder für eine Diskussionsaktivität wählen.

- **Aktivitäten, die zur Risikobereitschaft ermutigen: Die** Lehrer wollen nicht, dass ihre Schüler eingeschüchtert sind und sich nicht trauen, an Aktivitäten teilzunehmen. Die Schülerinnen und Schüler sollten von ihren Lehrkräften dazu ermutigt werden, unabhängig von ihrem Niveau an einer Aktivität im Klassenzimmer teilzunehmen. Die Lehrkraft kann zum Beispiel GrundschülerInnen dazu ermutigen, an einem bestimmten Projekt wie einer

Schülerzeitung mitzuarbeiten, das mühsam erscheint und das Niveau der GrundschülerInnen übersteigt.

- **Aktivitäten, die zu eigenen Gedanken anregen:** Anstelle von Verständnisfragen nach dem Lesen eines Textes, die das Erinnern testen, versuchen kreative Lehrer, Aktivitäten einzusetzen, die eine persönliche und individuelle Reaktion auf das Gelesene fördern.

- **Das Element Fantasie:** Aktivitäten, die die Fantasie der Lernenden anregen und sie auffordern, ihre Vorstellungskraft zu nutzen, um Geschichten zu erfinden, sich mit fiktiven Figuren zu identifizieren oder imaginäre Situationen nachzuspielen.

■ Schlussfolgerung

In diesem Kapitel wurde versucht, die wichtigsten theoretischen Aspekte zu erörtern, um die sich die Studie dreht. Es wurde versucht, den Begriff Kreativität im Allgemeinen und kreative Lehrer im Besonderen zu definieren und zu entschlüsseln. Außerdem wurde versucht, die acht Hauptaspekte zu behandeln, die kreative Lehrer nach J.C. Richard charakterisieren. Dann wurde versucht zu erläutern, wie kreative Lehrer ihre Lehrmethoden und -ansätze einsetzen, wobei der Schwerpunkt auf dem Eklektizismus als einem von ihnen häufig verwendeten Ansatz lag. Schließlich wurden die Hauptmerkmale genannt, die Dornyei (2001) als produktive Sprachlernaktivitäten ansieht.

KAPITEL 2

Methodik

■ Einleitung

Ziel des vorliegenden Kapitels ist es, die in dieser Untersuchung angewandte Methodik vorzustellen, wobei der Schwerpunkt sowohl auf der Datenerhebung als auch auf der Datenanalyse liegt. Im ersten Abschnitt über die Datenerhebungsverfahren werde ich den Forschungsansatz, der in dieser Studie verfolgt wird, vorstellen und erläutern. Außerdem werden die Datenerhebungsinstrumente sowie die Stichprobenverfahren erläutert und die jeweilige Wahl begründet. Anschließend werden die Hauptvariablen dieser Studie identifiziert und beschrieben. Im nächsten Abschnitt werden die Datenanalyseverfahren vorgestellt, wobei der Schwerpunkt auf den Instrumenten liegt, die zur Analyse der gesammelten Daten verwendet wurden.

A. Verfahren zur Datenerhebung:

❖ Forschungsfragen

Die vorliegende Studie zielt darauf ab, die folgenden Forschungsfragen zu stellen, zu untersuchen und zu beantworten:

❖ Beeinflussen kreative EFL-Lehrer die Leistungen ihrer Schüler in marokkanischen Gymnasien?

❖ Welche Techniken, Methoden, Aktivitäten und Strategien werden von kreativen EFL-Lehrern in marokkanischen Gymnasien eingesetzt?

- **Forschungshypothese**

In Anlehnung an die vorangegangenen Forschungsfragen basiert diese Studie auf der Annahme, dass die Kreativität der Lehrkräfte und die Unterrichtsmethoden, Techniken und

Aktivitäten, die von kreativen EFL-Lehrern eingesetzt werden, erhöhen die Lernergebnisse der Schüler in marokkanischen Gymnasien.

- **Forschungsansatz**

Um die vorhergehenden Forschungsfragen zu beantworten und die aufgestellte Hypothese zu bestätigen oder zu widerlegen, wird in der vorliegenden Studie ein Mixed-Methods-Design angewandt. Dieser Ansatz "konzentriert sich auf das Sammeln, Analysieren und Mischen von quantitativen und qualitativen Daten in einer einzigen Studie oder einer Reihe von Studien. Seine zentrale Prämisse ist, dass die Kombination von quantitativen und qualitativen Ansätzen ein besseres Verständnis von Forschungsproblemen ermöglicht als jeder Ansatz allein" Creswell, J. W., & Plano Clark V. L. (2011). In Bezug auf die vorliegende Studie ist das Design bzw. der Ansatz mit gemischten Methoden daher der beste Ansatz, um die Wirksamkeit von kreativen Lehrern und den von ihnen in marokkanischen Gymnasien verwendeten Methoden, Techniken und Aktivitäten zu bestätigen oder zu widerlegen, indem sowohl qualitative als auch quantitative Daten gesammelt und analysiert werden.

- **Instrumente zur Datenerhebung:**

Da es sich bei dem gewählten Forschungsansatz um einen qualitativen Ansatz handelt, sind die wichtigsten Forschungsinstrumente, die bei der Datenerhebung verwendet werden, die Checkliste, Dokumente sowie Antworten auf direkte Fragen.

> *Checkliste für die Beobachtung:*

Die Beobachtungscheckliste ist ein Instrument zur qualitativen Datenerhebung, das in der Forschung häufig verwendet wird. Sie enthält eine Liste von Aussagen, auf die ein Beobachter achten muss, wenn er das Verhalten des Beobachteten beobachtet. In der vorliegenden Studie wurde eine Checkliste für die Beobachtung der Kreativität der ausgewählten zu beobachtenden Gymnasiallehrer verwendet. Die verwendete Checkliste enthielt sechsundzwanzig Aussagen, die kreative Lehrer im Klassenzimmer als unabhängige Variable in dieser Studie charakterisieren. Der Grund für die Wahl dieser Beobachtungscheckliste als Hauptinstrument zur Datenerhebung liegt darin, dass sie es dem Forscher ermöglicht, Einzelpersonen oder eine große Gruppe sorgfältig zu beobachten und sich auf bestimmte Aspekte zu konzentrieren.

> *Dokumente:*

Was die Leistungen der Schüler anbelangt, so wurden die Noten der Schüler als Instrument zur Bestätigung oder Entkräftung der Hypothese der vorliegenden Untersuchung verwendet. Mit anderen Worten, die Noten der einzelnen Schüler wurden (als Beweis) verwendet, um zu bestätigen oder zu widerlegen, ob die

Kreativität oder die Unkreativität der EFL-Lehrer in der Stichprobe einen positiven Einfluss auf die Leistungen der Schüler in marokkanischen Gymnasien hat.

> *Fragebogen:*

Der Fragebogen ist sowohl ein qualitatives als auch ein quantitatives Datenerhebungsinstrument, das in der Forschung häufig verwendet wird. Er besteht aus "einer Reihe von Fragen zu einem Thema oder einer Gruppe von Themen, die von einem Befragten beantwortet werden sollen" (Richard & Schmidt, 2010, S. 478). Er kann auch verwendet werden, um Häufigkeiten, Einstellungen, Meinungen, Interessen und Werte zu quantifizieren und zu messen. In der vorliegenden Studie wurde ein Fragebogen für die Lehrkräfte verwendet. Der Grund für die Wahl des Fragebogens als Datenerhebungsinstrument ist, dass er es dem Forscher ermöglicht, große Gruppen zu bewerten und leicht Informationen von ihnen zu erhalten.

■ **Die Bevölkerungsstichprobe**

Die Stichprobe der vorliegenden Studie besteht aus Gymnasiallehrern und ihren Schülern aus zwei verschiedenen Städten in Marokko: *Rabat* und *Ait Baha*. Bei den Gymnasiallehrern handelt es sich um diejenigen, die seit über sechs Jahren Englisch als Fremdsprache an öffentlichen marokkanischen Gymnasien unterrichten. Bei der Auswahl der Lehrer wurde das Verfahren der Zufallsstichprobe angewandt. Diese Technik wird angewandt, wenn der Forscher nur die Teilnehmer auswählt, die er für seine Forschung für geeignet hält, auch wenn es viele Teilnehmer gibt, die er untersuchen könnte. Daher wurde die Methode des "convenient sampling" angewandt,

18

um die geeigneten und verfügbaren Lehrer und ihre Schüler auszuwählen.

■ **Forschungsvariablen:**

Wie in jeder Studie gibt es auch in der vorliegenden Untersuchung zwei Variablen, nämlich die unabhängige und die abhängige Variable. Die unabhängige Variable ist die Kreativität der Lehrer an den marokkanischen Gymnasien, während die abhängige Variable die Leistungen der Schüler betrifft. Die Annahme, die hinter dieser Aufteilung steht, ist die, dass die Kreativität der Lehrer sich eher auf die Leistungen der Schüler in marokkanischen Gymnasien auswirken wird.

B. Verfahren zur Datenanalyse:

■ **Instrumente und Verfahren zur Datenanalyse:**

> *Checkliste Daten:*

In dieser Untersuchung wurden drei Hauptinstrumente für die Datenerhebung verwendet: die Beobachtungscheckliste, die Dokumente, die die Noten der Schüler jedes beobachteten Lehrers enthalten, und ein Fragebogen mit offenen Fragen zu den Methoden, Techniken und Aktivitäten, die von kreativen Lehrern in marokkanischen Gymnasien verwendet werden. Die Beobachtungscheckliste umfasst sechsundzwanzig Punkte, die bei der Beobachtung der Lehrkräfte in der Stichprobe berücksichtigt wurden. Zur Bewertung der Kreativität der EFL-Lehrer in der Stichprobe wurden die auf der Checkliste gesammelten Daten danach ausgezählt, wie viele Punkte die Lehrer beantworteten. Je mehr Punkte die Lehrkraft beantwortete, desto kreativer wurde sie eingestuft. Bei der Analyse der Daten der Checkliste wurden zwei Softwareprogramme verwendet: SPSS Statistics zur Berechnung des allgemeinen Kreativitätswerts jeder Lehrkraft anhand der Checkliste und Microsoft Excel zum Vergleich des Kreativitätsniveaus bzw. -grads der Lehrkräfte in der Stichprobe.

> Dokumente (Zeugnisse der Schüler)

Bei der Analyse der Noten der Schüler wurde Microsoft Excel, ein Softwareprogramm, das es den Benutzern ermöglicht, Daten zu organisieren, zu formatieren und mit Hilfe von Formeln zu berechnen, verwendet, um die Durchschnittsnote der Schüler jedes beobachteten Lehrers zu ermitteln. Auf diese Weise wurde ein Mittelwert ermittelt, der mit dem Niveau oder dem Grad der Kreativität der einzelnen Lehrer vergleichbar ist, um die Hypothese der vorliegenden Untersuchung zu bestätigen oder zu widerlegen.

> Fragebogen (Offene Fragen)

Der in der vorliegenden Studie verwendete Fragebogen dient hauptsächlich dazu, die Einstellungen und Meinungen der befragten Lehrkräfte zu den Unterrichtsmethoden, -techniken und -aktivitäten zu erfahren, die sie in ihrem Unterricht einsetzen. Er enthält offene Fragen sowie allgemeine Informationen über die befragten EFL-Lehrer (Geschlecht, Schule und Jahre der Unterrichtserfahrung). Die Antworten der Lehrkräfte auf die offenen Fragen wurden deskriptiv ausgewertet, um die von den befragten kreativen Lehrkräften häufig verwendeten Methoden, Techniken und Aktivitäten zu ermitteln.

■ Schlussfolgerung

In diesem Kapitel wurde versucht, die in dieser Untersuchung angewandte Methodik darzustellen. Zunächst habe ich versucht, die Datenerhebungsverfahren dieser Untersuchung darzustellen, einschließlich des Forschungsansatzes, der Datenerhebungsinstrumente/-tools, der Stichprobenverfahren sowie einer kurzen Identifizierung und Beschreibung der wichtigsten Variablen dieser Untersuchung. Schließlich wurden die Datenanalyseverfahren vorgestellt, wobei der Schwerpunkt auf den Instrumenten lag, die bei der Analyse der gesammelten Daten verwendet wurden.

KAPITEL 3

Ergebnisse und Diskussion

■ **Einleitung:**

Das vorliegende Kapitel befasst sich mit der Analyse und Diskussion der
Daten, die anhand der Beobachtungscheckliste und der Noten der Schüler gesammelt
wurden, um die Auswirkungen der Kreativität der Lehrer auf die Leistungen ihrer
Schüler zu bestätigen oder zu widerlegen. Darüber hinaus werden die gemeinsamen
Aktivitäten, Methoden und Techniken, die von den marokkanischen kreativen EFL-
Lehrern verwendet werden, anhand der Daten der Beobachtungscheckliste und der
Antworten der Lehrer auf die offenen Fragen des Fragebogens ermittelt und diskutiert.
Zunächst wird die Analyse durch die Analyse und Diskussion des Kreativitätsgrads
jeder beobachteten Lehrkraft eingeleitet. Anschließend wird die Auswirkung der
unabhängigen Variable (Kreativität der Lehrer) mit der abhängigen Variable dieser
Untersuchung (Leistung der Schüler) analysiert und verglichen, um die Hypothese
dieser Untersuchung zu bestätigen oder zu widerlegen. Im letzten Abschnitt schließlich
werden die von marokkanischen EFL-Lehrern am häufigsten verwendeten Aktivitäten,
Techniken und Methoden anhand der Checkliste für die Unterrichtsbeobachtung und
der Antworten auf einige offene Fragen, die den Lehrern der Stichprobe gestellt
wurden, ermittelt.

A. **Der Grad der Kreativität der beobachteten Lehrkräfte**

Der erste Abschnitt der Analyse konzentriert sich auf den Grad der Kreativität der einzelnen beobachteten Lehrer. Der Grad der Kreativität wurde zunächst mit der SPSS-Statistiksoftware gezählt, die den allgemeinen Wert der Kreativität jeder Lehrkraft umwandelte und zählte, je nachdem, wie viele Items jede Lehrkraft beantwortete, während sie befragt wurde

beobachtet. Das folgende Diagramm zeigt und vergleicht den Grad der Kreativität aller in der Stichprobe erfassten Lehrer:

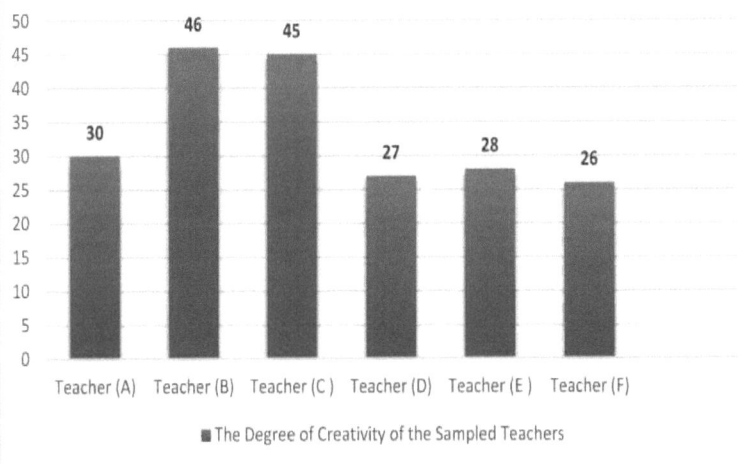

Abbildung 1. Der Grad der Kreativität der in der Stichprobe enthaltenen Lehrer

Wie das obige Diagramm zeigt, weisen die in der Stichprobe erfassten Lehrkräfte unterschiedliche Niveaus bzw. Grade in Bezug auf ihre Kreativität auf. Lehrer (B) hat einen Kreativitätsgrad von 46 erreicht, während Lehrer (C) einen Grad von 45 aufweist. Somit können wir diese beiden Lehrer als die kreativsten Lehrer in dieser Untersuchung betrachten. Die beiden am wenigsten kreativen Lehrer haben einen Kreativitätsgrad von 26 bei Lehrer (F) und von 27 bei Lehrer (D) erreicht. Daher können wir letztere als die am wenigsten kreativen Lehrer im Vergleich zu den anderen Lehrern betrachten.

B. Die Kreativität der Lehrer und die Leistungen der Schüler

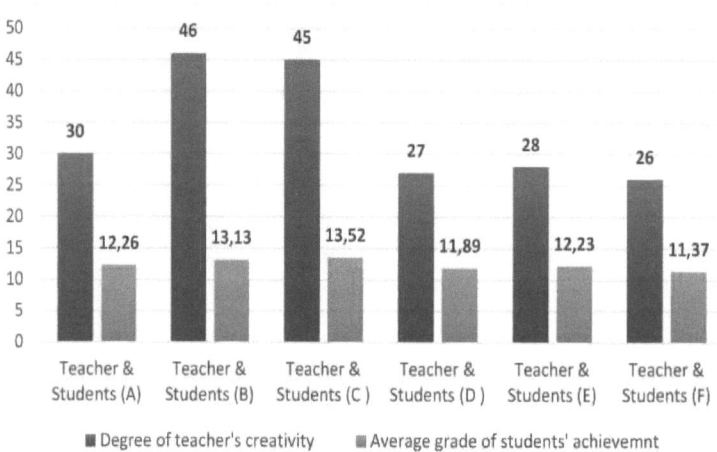

Abbildung 2: Die Kreativität der Lehrer und die Leistungen der Schüler.

Wie die obige Grafik zeigt, gibt es keine großen Unterschiede zwischen den Durchschnittsnoten aller Schüler der Stichprobe. Die Schüler der beiden kreativsten Lehrer, Lehrer (B) und Lehrer (C), werden als die Schüler mit den höchsten Durchschnittsnoten angesehen. Die Schüler von Lehrer B haben einen Durchschnitt von 13,13 und die Schüler von Lehrer C einen Durchschnitt von 13,52. Dies bestätigt den Einfluss der Kreativität der Lehrer auf die Leistungen ihrer Schüler. Andererseits haben die Schüler der beiden am wenigsten kreativen Lehrer, Lehrer (D) und Lehrer

(F), einen Durchschnitt von 11,89 und 11,37. Somit können wir bestätigen, dass die am wenigsten kreativen Lehrer einen negativen Einfluss auf die Leistungen ihrer Schüler haben.

C. Gemeinsame Methoden, Techniken und Aktivitäten, die von kreativen Lehrern verwendet werden

Dieser Abschnitt der Analyse konzentriert sich auf die Methoden, Techniken und Aktivitäten, die von den kreativsten Lehrern gemäß der Stichprobe dieser Untersuchung verwendet wurden. Der Schwerpunkt liegt dabei auf den Lehrmethoden, Techniken und Methoden, die von Lehrer (B) und Lehrer (C) in ihren Klassen verwendet werden, basierend auf der Checkliste, die während der Beobachtung verwendet wurde, sowie auf einigen ihrer Antworten auf Fragen zu den von ihnen verwendeten Lehrmethoden.

> Methoden

Was die von den beiden kreativen Lehrern angewandten Methoden betrifft, so haben die beiden Lehrer (B) und (C) bewiesen, dass sie in ihrem Unterricht eine eklektische Auswahl an Lehrmethoden anwenden. Lehrer (C) zum Beispiel verwendet verschiedene Lehrmethoden für den Grammatikunterricht. In der ersten Unterrichtsstunde, die ich beobachtete, verwendete er die POHE-Methode, um Relativpronomen zu lehren, was eine erfolgreiche Methode zu sein schien, da die Schüler die Lektion auf induktive Weise verstanden. Laut der Antwort von Lehrer (C)

25

auf eine offene Frage, wie er eine eklektische Auswahl an Methoden einsetzt, sagte er:

"Bei der Grammatik zum Beispiel versuche ich normalerweise, sie induktiv zu unterrichten, aber manchmal verwende ich auch deduktiven Unterricht, um Schüler zu erreichen, die durch Regeln lernen. Dies trägt dazu bei, die verschiedenen Lernstile zu berücksichtigen. Ich bringe Aktivitäten, Texte oder Projekte ein, bei denen die Lernenden die Möglichkeit haben, in authentischen Situationen mit neuem sprachlichen Input zu experimentieren. Und ich konzentriere mich hauptsächlich darauf, Grammatik in kommunikativen Situationen zu unterrichten.

Aus der folgenden Antwort geht hervor, dass kreative EFL-Lehrer zwar die im Lehrbuch vorgeschlagenen Aktivitäten und Anweisungen befolgen müssen, aber verschiedene Lehrmethoden anwenden, um einzelne Schüler zu unterrichten, und die Aktivitäten und Anweisungen des Lehrbuchs an die Lernstile, Bedürfnisse und Vorlieben ihrer Schüler anpassen.

Die Antwort der Lehrkraft (B) auf dieselbe Frage lautete:

"Eklektisch und selektiv zu sein, hängt von der Fähigkeit zur Anpassung und Übernahme ab. Wenn Sie sich sicher sind, dass nicht alle Methoden für Ihren Unterricht geeignet sind, beginnen Sie, nach Alternativen und neuen Unterrichtsmethoden zu suchen. Hier können Sie Ihre erfahrenen Kollegen oder sogar Ihre Schüler fragen, was ihnen gefallen hat und was nicht. Sie müssen sich zuerst auf die Bedürfnisse und Anforderungen Ihrer Schüler einstellen und dann auf den Charakter Ihres Kurses."

Lehrer (C) erklärte, dass die Fähigkeit eines Lehrers, eklektisch zu sein, von seiner Fähigkeit abhängt, die Lehrmethoden und -aktivitäten anzupassen sowie Alternativen und neue Wege der Lehrmethoden zu wählen, die ihm für seinen Unterricht geeignet erscheinen. Im Allgemeinen muss der Lehrer nicht nur selektiv und eklektisch sein, sondern auch kreativ, indem er die Lehrbuchaktivitäten und Lehrmethoden an die Bedürfnisse und Anforderungen der Schüler sowie an die Art des

26

Kurses anpasst.

> **Techniken:**

Bei der Beobachtung der beiden kreativsten Lehrer in dieser Untersuchung habe ich festgestellt, dass die beiden kreativen Lehrer eine Reihe von Techniken anwenden, die ihren Unterricht effektiver machen. Lehrer (B) hat zum Beispiel gezeigt, dass er eine enge Beziehung zu seinen Schülern hat. Dies hat ihm geholfen, eine angstfreie Lernatmosphäre zu schaffen, in der die Schüler gerne in einer angenehmen Situation lernen. Außerdem waren die Schüler zuversichtlich und glaubten an ihre Fähigkeiten, zu lernen und sich sprachlich, intellektuell und fachlich weiterzuentwickeln. Darüber hinaus bot Lehrer (B) herausfordernde Themen und komplexe Lernsituationen, um den Schülern zu helfen, ihr kritisches und kreatives Denken zu nutzen. Lehrer (C) hingegen setzte neben den oben genannten Techniken einige sehr wirksame Techniken ein, die seinen Schülern halfen, konzentriert zu bleiben und ihre Lernerfahrung in einer gut strukturierten und kommunikativen Umgebung zu genießen. Darüber hinaus waren die Interaktion und die Kommunikation von Angesicht zu Angesicht als Mittel zur Förderung der Fähigkeiten der Schüler spürbar. Er stellte in der Regel offene Fragen, die ein hohes Maß an Denkvermögen erfordern, und forderte die Schüler auf, nachzudenken und ihre Meinung kommunikativ zu äußern.

Die folgenden Techniken werden sowohl von Lehrer (B) als auch von Lehrer (C) in ihrem jeweiligen Klassenzimmer eingesetzt:

■ Umformulierung von Anweisungen auf unterschiedliche Weise.

27

- Stellen Sie offene Fragen.
- Verknüpfung der aktuellen Themen mit den Erfahrungen der Schülerinnen und Schüler im wirklichen Leben.
- Verwendung verschiedener Unterrichtsmaterialien, die die Schüler aktiv in den Lernprozess einbeziehen.
- Nutzung der Interaktion und Kommunikation von Angesicht zu Angesicht als Mittel zur Entwicklung der Fähigkeiten der Schüler.
- Das Stellen von Fragen, die ein höheres Maß an Denkvermögen erfordern.
- Anhand von Beispielen aus dem wirklichen Leben, um den Schülern das Verständnis zu erleichtern.
- Stärkung des Selbstbewusstseins der Schüler.
- Nutzung verschiedener kooperativer Arbeitsstrukturen.

> **Aktivitäten:**

Nach meiner Beobachtung und den Antworten der befragten Lehrkräfte setzen die beiden kreativsten Lehrkräfte in dieser Studie in ihrem Unterricht eine Reihe interessanter und ansprechender Aktivitäten ein. Neben den aus den Lehrbüchern übernommenen Aktivitäten und Aufgaben verwenden sie verschiedene Arten von Aktivitäten, die sich auf unterschiedliche sprachliche Elemente und Fähigkeiten konzentrieren. Die beiden kreativsten Lehrkräfte, die ich in den vier von mir beobachteten Unterrichtseinheiten beobachten konnte, setzten die Aufwärmübungen jedoch so effizient ein, dass sie nicht nur die SchülerInnen zur Teilnahme am Lernprozess motivierten, sondern auch die Schemata der SchülerInnen reaktivierten und das Unterrichtsthema auf unterhaltsame und fesselnde Weise einführten. In diesem Zusammenhang erklärte Lehrer (B):

"Ich glaube, dass Aufwärmübungen vielen Zwecken dienen. Ich verwende sie zu Beginn der Stunde, um schläfrige Schüler aufzuwecken, um das Schema der Vergesslichen zu reaktivieren (neue Prägung) oder um das Thema der Stunde einzuführen. Ich verwende sie in der Mitte der Stunde, um zu versuchen, etwas zu festigen, was vorher gemacht wurde, und um den Schülern etwas Raum zu geben, um sich auszuruhen und durchzuatmen, und manchmal verwende ich diese Aufwärmübungen am Ende der Stunde, damit sie das Thema lieben und es eilig haben, wiederzukommen."

Die beiden kreativsten Lehrkräfte in dieser Studie haben sehr interessante Arten von Aktivitäten genannt, die sie für die geeigneten Aktivitäten halten, die in jeder EFL-Klasse zur Entwicklung verschiedener Fähigkeiten eingesetzt werden sollten. Unter diesen Aktivitäten:

Common activities used by the teacher (B) & (C)
▪ Individual activities.
▪ Collective activities.
▪ Short dialogues acting.
▪ Singing 2 minutes' songs.
▪ Project-work activities.
▪ Research-based activities.
▪ Competency-based activities.
▪ Grammar/Vocabulary-focused activities.
▪ Communicative activities.
▪ Interviewing activities.
▪ Activities that arouse students' curiosity to learn more about new things.
▪ Activities that demands higher order thinking skills.
▪ Writing something on the board and then explaining it.
▪ Forum discussions
▪ Skype sessions

■ Schlussfolgerung:

Dieses Kapitel befasst sich mit der Analyse der Daten, die anhand der Beobachtungscheckliste und des Fragebogens gesammelt wurden. Zunächst wurde der Grad bzw. das Niveau der Kreativität jedes beobachteten Lehrers untersucht; anschließend wurde das Kreativitätsniveau der Lehrer analysiert und mit den

29

Durchschnittsnoten ihrer Schüler verglichen. So konnte die Hypothese der vorliegenden Untersuchung bestätigt oder widerlegt werden. Außerdem wurden die gemeinsamen Methoden, Techniken und Aktivitäten, die von den kreativsten Lehrern in dieser Untersuchung verwendet wurden, auf der Grundlage der Daten, die sowohl aus der Beobachtungsliste als auch aus den Antworten der Lehrer auf die offenen Fragen im Fragebogen gewonnen wurden, ermittelt und diskutiert.

KAPITEL 4

Schlussfolgerung

A. Zusammenfassung der Ergebnisse

In der vorliegenden Studie wurde versucht, die Auswirkungen der Kreativität der Lehrer sowie die Auswirkungen der von ihnen verwendeten Unterrichtsmethoden, -techniken und -aktivitäten auf die Leistungen der Schüler in den marokkanischen Gymnasien zu untersuchen. Die Studie wurde mit einer Einführung in die Forschung eingeleitet, in der das Problem, der Zweck, die Fragen, die Hypothese, die Gründe sowie die Organisation der Studie dargelegt wurden. Das nächste Kapitel bestand aus einer Literaturübersicht, in der die wichtigsten theoretischen Konzepte, die für die Studie relevant sind, diskutiert wurden. Das dritte Kapitel konzentrierte sich auf die Methodik der Studie, in der die Verfahren zur Datenerhebung und -analyse dargelegt wurden. Anschließend wurden im vierten Kapitel die gesammelten Daten analysiert und diskutiert. Es folgt eine Zusammenfassung der wichtigsten Ergebnisse:

❖ Marokkanische kreative EFL-Lehrer können den Lernerfolg ihrer Schüler positiv beeinflussen.

❖ Kreative Lehrkräfte variieren die Unterrichtsmethoden und Aktivitäten, die sie im Unterricht einsetzen, je nach den Bedürfnissen, Lernstilen und Interessen ihrer Schüler.

❖ Marokkanische kreative EFL-Lehrer verwenden eine eklektische Auswahl von Lehrmethoden, die sich nach den Bedürfnissen und Anforderungen der Schüler richten, zusätzlich zur Art des Unterrichts und/oder den hervorgehobenen Fähigkeiten.

❖ Kreative marokkanische EFL-Lehrer setzen eine Vielzahl effektiver Techniken ein, um ein angemessenes Lernumfeld für ihre Schüler zu schaffen und einen effektiven und erfolgreichen Unterricht zu gestalten.

❖ Marokkanische kreative EFL-Lehrer nutzen verschiedene Aktivitäten, um unterschiedliche Fähigkeiten zu entwickeln.

❖ Die Nichtverfügbarkeit und Unzugänglichkeit grundlegender Unterrichtsmaterialien schränkt die Kreativität der Lehrer ein.

B. Schlussfolgerung

Die meisten der oben genannten Ergebnisse scheinen die in dieser Untersuchung aufgestellte Hypothese zu bestätigen. Erstens belegen die im vorigen Kapitel berichteten statistischen Ergebnisse, dass die marokkanischen kreativen EFL-Lehrer die Lernerfolge ihrer Schüler positiv beeinflussen können. Zweitens die Tatsache, dass die marokkanischen EFL-Lehrer zwar die Anweisungen und Aktivitäten des Lehrbuchs befolgen müssen, aber ihre Kreativität nutzen, um die geeigneten Aktivitäten auszuwählen und die Aktivitäten des Lehrbuchs so anzupassen, dass die Unterrichtsziele erreicht werden. Dies ergibt sich aus den übereinstimmenden Antworten aller in der Stichprobe befragten Lehrkräfte, die alle angaben, dass sie das Lehrbuch anpassen. Darüber hinaus ist der zweite Aspekt der Hypothese, der besagt, dass die verschiedenen Unterrichtsmethoden, Aktivitäten und Techniken, die von den marokkanischen EFL-Lehrern verwendet werden, die Leistungen der Schüler beeinflussen, aufgrund der Beobachtungen, die während der Datenerhebung durchgeführt wurden, der statistischen Ergebnisse sowie der Antworten der Lehrer auf die offenen Fragen im Fragebogen wahr.

32

C. Empfehlungen

Auf der Grundlage der Ergebnisse dieser Studie wird den marokkanischen EFL-Lehrern dringend empfohlen, ihr Möglichstes zu tun, um ihre Kreativität in ihren Klassenzimmern zu maximieren, ungeachtet der Knappheit des Lehrmaterials, zu dem sie Zugang haben, insbesondere in öffentlichen Gymnasien. Auch wenn die marokkanischen EFL-Lehrer die Anweisungen und Aktivitäten aus den Lehrbüchern befolgen müssen, können sie ihre kreativen Fähigkeiten nutzen, um die Aktivitäten und den Ansatz anzupassen, um die Leistungen der Schüler zu verbessern. Da Kreativität bedeutet, sich etwas Neues und Originelles einfallen zu lassen, sind marokkanische GymnasiallehrerInnen aufgefordert, sich neue Lehrmethoden, Ansätze, Methoden und Aktivitäten auszudenken, die besser zur marokkanischen Bildungssituation passen. Die folgende Liste enthält weitere Empfehlungen für EFL-Lehrkräfte in Marokko:

❖ Marokkanische EFL-Lehrer sind aufgefordert, für einen effektiven und kreativen Unterricht verschiedene kooperative Lernstrukturen in ihren Klassen einzusetzen, damit die Schüler gemeinsam Wissen aufbauen und verschiedene Fähigkeiten zum kritischen Denken entwickeln.

❖ Da es sich bei den Schülern der Sekundarstufe meist um Jugendliche oder junge Erwachsene handelt, sind projektbasierte Lernaktivitäten sicherlich geeignet, um die Schüler bei der Entwicklung verschiedener Fähigkeiten wie Forschung, Problemlösung, Kreativität, Zusammenarbeit und Verantwortungsbewusstsein zu unterstützen, die sie in ihrem zukünftigen akademischen und beruflichen Leben zweifellos benötigen werden.

❖ Marokkanische EFL-Lehrer müssen wirksame und kreative Techniken anwenden, um alle Lernenden, ob leistungsstark oder leistungsschwach, in den Lernprozess einzubinden.

❖ Marokkanischen EFL-Lehrern wird dringend empfohlen, mit anderen EFL-Praktikern zu kommunizieren und zusammenzuarbeiten, um sich beruflich weiterzuentwickeln und von den Erfahrungen und Vorstellungen der anderen zu lernen, um neue Unterrichtsideen zu entwickeln, die zur Entwicklung des EFL-Berufs beitragen könnten.

D. Pädagogische Implikationen:

Die Ergebnisse dieser Untersuchung haben auch einige pädagogische Auswirkungen auf den Englischunterricht in Marokko. Die Untersuchung der Kreativität marokkanischer EFL-Lehrer kann ELT-Praktikern in Marokko dabei helfen, ihre didaktischen Schwächen zu erkennen und ihre Kreativität zu verbessern sowie die geeigneten Methoden, Techniken und Aktivitäten für einen effektiven und kreativen Unterricht auszuwählen und einzusetzen. Darüber hinaus werden die Ergebnisse dieser Untersuchung für ELT-Ausbilder und Professoren nützlich sein, die Auszubildende oder Studenten dabei unterstützen wollen, ein akzeptables Maß an Kreativität in ihrem zukünftigen Unterricht zu erreichen.

E. Beschränkungen

Wie jede Forschungsarbeit stößt auch die vorliegende Studie auf viele Einschränkungen, vor allem bei der Datenerhebung, da es nicht möglich war, genügend

Lehrkräfte zu finden und die Zustimmung der Schulverwaltung zur Beobachtung von Fremdsprachenlehrern in ihren Klassenzimmern zu erhalten. Außerdem waren einige Lehrer nicht bereit, die Noten ihrer Schüler als Instrument zur Beantwortung der Forschungsfragen zur Verfügung zu stellen. Dies rechtfertigt die geringe Anzahl von Lehrern, die für diese Untersuchung herangezogen wurden.

F. Vorschläge für weitere Forschung.

In Anbetracht der vorangegangenen Ergebnisse und der in dieser Untersuchung aufgetretenen Forschungseinschränkungen wird den ELT-Praktikern, Auszubildenden und Studenten vorgeschlagen, weitere Untersuchungen in den folgenden Bereichen durchzuführen:

❖ Es wird eine groß angelegte Studie vorgeschlagen, die verschiedene Schulstufen (Primar-, Sekundar- und Hochschulstufe) abdeckt, um die Auswirkungen kreativer Lehrkräfte auf die Leistungen ihrer Schüler zu untersuchen.

❖ Wie können kreative Lehrer die Kreativität ihrer Schüler anregen?

Die Faktoren, die die Kreativität der Lehrkräfte bei der Anpassung des ihnen zur Verfügung stehenden Lehrmaterials einschränken.

Bib/Webliographie

- Sternberg & Robert J. (1999). *Handbuch der Kreativität*. U. K. Cambridge University Press
- Fisher, Robert. (2004). Was ist Kreativität? *Unlocking Creativity: Teaching Across the Curriculum.* New York: Routledge
- Khany & Boghayeri. (2014). Wie kreativ sind iranische EFL-Lehrer? Australian Journal of Teacher Education. Volume 39. Ausgabe 10
- Jack. C. Richard. (2013). Kreativität im Sprachunterricht. University ofHong Kong.

- Rivers, (1981). Teaching Foreign Language Skills. US: University of Chicago Press
- Dornyei, Zoltan. (2001). *Motivational Strategies in theLanguage Classroom.* Cambridge, UK: Cambridge University Press

Anhang

Checkliste für die Beobachtung

	Yes	No
The teacher has a close rapport with students.		
The teacher Is flexible in the class.		
The teacher is very encouraging		
The teacher is resourceful.		
The teacher tries to enhance student's self-confidence to set and achieve appropr. goals.		
The teacher is Eager to hear the students' perspectives on their learning and lets th choose their tasks.		
The teacher provides challenging topics and motivates students to think about the to and express their critical views.		
The teacher reformulates the instructions in a different way.		
The teacher welcomes freedom and makes no limits to the students, but use firm con over the teaching process.		
The teacher associates the current topics to students' real life experiences for be learning to occur.		
The teacher makes use of an eclectic choice of teaching methods.		
The teacher provides complex learning situations to foster students' creative thinking.		
The teacher come up with diverse teaching materials that keep students actively invol in the learning process.		
The teacher adapts tasks according to his/her students leaning styles.		
The teacher uses a variety of activities that make students practice different skills.		
The teacher's tasks and activities help students develop their critical thinking skills.		
The teacher gives research- based activities to motivate them to explore new things.		
The teacher asks mainly open-ended questions.		
The teacher poses questions that require high order thinking skills by students.		
The teacher provides gap-based situations and gives students opportunity to solve t own problems.		
The teacher guides students to find new ways of learning, make predictions, and s problems		
The teacher uses face-to-face interaction and communication as means of develop students' proficiency.		
The teacher uses real life examples to make students understand.		
The teacher seeks to achieve learner-centered lessons.		
The teacher uses different cooperative working structures.		
The teacher implements new technological devices (ICT).		

Fragebogen für Lehrkräfte

Mit diesem Fragebogen sollen Daten für eine wissenschaftliche Forschungsarbeit gesammelt werden. Sein Hauptzweck ist es, die **"Unterrichtsmethoden, -techniken und -aktivitäten zu** ermitteln**, die von kreativen EFL-Lehrern in marokkanischen Gymnasien eingesetzt werden"**.
Wir bitten Sie, diesen Fragebogen auszufüllen.
Ihre Teilnahme wird sehr geschätzt, und Ihre Antworten werden ausschließlich zu Forschungszwecken verwendet.

❖ *Hintergrundinformationen:*

- Oberschule: _____
- Geschlecht: _____
- Jahre der Unterrichtserfahrung: _____

- *Offene Fragen:*

Wie setzen Sie eine eklektische Auswahl von Methoden in Ihrem Unterricht ein?

_____

_____

_____

_____

Welche Unterrichtstechniken setzen Sie als kreativer EFL-Lehrer in Ihrem Klassenzimmer ein, um Ihren Schülern beim Lernen zu helfen?

_____

_____

_____

Verwenden Sie Aufwärmübungen in Ihrem Klassenzimmer? JA NEIN Wenn ja, zu welchem Zweck setzen Sie sie ein?

_____

_____

_____

Welche Art von Aktivitäten führen Sie mit Ihren einzelnen Schülern durch?

_____

_____

_____

Wie bewerten und wählen Sie die geeigneten Aktivitäten für Ihren Unterricht aus?

_____

_____

_____

_____

Blättern Sie die Seite um, wenn Sie mehr Platz benötigen.

Printed by Books on Demand GmbH, Norderstedt / Germany